初級!!
小学生の数独

1・2・3年

ニコリ 編

はじめに

この本で、思いきり遊んでください。

ペンシルパズルは、アタマの格闘技です。

あなたの武器は、「推理する力」、「集中する力」、「ガマンする力」、

それとリラックス。

いつでも、どこでも、闘ったり、休んだり、OKです。

いつのまにか、その連続が、あなたの自信になっていきます。

パズルを通じて、あなたが大きくなりますように。

解けるとうれしいぞ。よし、次の一問だ。

ニコリ代表
カジマキ

数独の解きかた

数独は、空いているマスに数字を入れていくパズルです。

問題

1		2	3
3	2		
		4	1
4	1		2

➡

こたえ

1	4	2	3
3	2	1	4
2	3	4	1
4	1	3	2

空いているマスが全部うまるとできあがりです。
どうやってうめたらいいか、次のページから説明しましょう。

も

く

じ

*本書には数独だけでなく、おまけパズルとして「ナンバーリンク」「四角に切れ」というパズルも掲載しているので挑戦してみてください。これらのおまけパズルは小社刊「あつまれ!! 小学生の数独」掲載の「数字をつなごう」「四角に切ろう」とそれぞれ同じパズルです。

4×4マスの数独のルール

数字の入っていないマスに、１から４までのどれかを入れましょう。

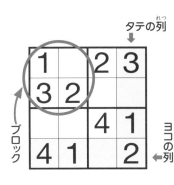

タテの列

①どのタテの列にも、１から４までの数字が１つずつ入ります。
（列は４列あります）
②どのヨコの列にも、１から４までの数字が１つずつ入ります。
（列は４列あります）
③太い線で囲まれた４マスのブロックの中にも、１から４までの数字が１つずつ入ります。
（ブロックは４個あります）

ブロック

ヨコの列

1	4	2	3
3	2	1	4
2	3	4	1
4	1	3	2

左のように、どのタテの列、ヨコの列、ブロックの中にも、同じ数がダブらずに４つ入れば完成です。

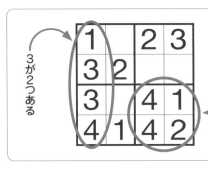

３が２つある

４が２つある

×同じ数字が入るのはまちがい。

◆4×4マスの数独を解いてみよう◆

数字がたくさん入っているブロックを探そう。
左上のブロックは1、2、3が入っているので、まだ入っていない4が入る。
右下のブロックは1、2、4が入っているので、まだ入っていない3が入る。

数字がたくさん入っている列も、考えやすいよ。
いちばん左のタテ列は、1、3、4が入っているので、まだ入っていない2が入る。
いちばん下のヨコ列は、1、2、4が入っているので、まだ入っていない3が入る。

この数字はどこに入るかな、という考えかたもあるよ。
1は右上のブロックでどこに入るかな？

いちばん右のタテ列に1があることに気をつけよう。
同じ列に同じ数字は入らないので、★のマスに1が入る。

こうやって、入りやすいところを見つけて解いていこう。

→4×4マスの数独は10ページからはじまります。

5

9×9マスの数独のルール

数字の入っていないマスに、1から9までのどれかを入れましょう。

↓タテの列

6	8	9	5	2	7		4	3
	1			4			2	
	3	2	1					7
5		9		2	7	8	6	1	3
				3		9		
3	2	7	6	4	1		8	5
8					4	1	5	
	5				2		4	
	4	1	8	3	5	7	6	9

ブロック

←ヨコの列

①どのタテの列にも、1から9までの数字が1つずつ入ります。
　（列は9列あります）
②どのヨコの列にも、1から9までの数字が1つずつ入ります。
　（列は9列あります）
③太い線で囲まれた9マスのブロックの中にも、1から9まで
　の数字が1つずつ入ります。（ブロックは9個あります）

6	8	9	5	2	7	4	3	1
7	1	5	4	9	3	8	2	6
4	3	2	1	8	6	5	9	7
5	9	4	2	7	8	6	1	3
1	6	8	3	5	9	2	7	4
3	2	7	6	4	1	9	8	5
8	7	3	9	6	4	1	5	2
9	5	6	7	1	2	3	4	8
2	4	1	8	3	5	7	6	9

使う数字がふえますが、考えかたは
同じ。
左のように、どのタテの列、ヨコの
列、ブロックの中にも、同じ数がダ
ブらずに9つ入れば完成です。

◆9×9マスの数独を解いてみよう◆

数字がたくさん入っているブロックを探そう。
中央のブロックは8個数字が入っていて、空いているマスは1つだけ。まだ入っていない数字を調べると、5が入る。

6	8	9	5	2	7	4	3	
	1		4				2	
	3	2	1					7
5	9		2	7	8	6	1	3
			3		9			
3	2	7	6	4	1		8	5
8				4	1	5		
	5				2		4	
	4	1	8	3	5	7	6	9

→ 5が入る

数字がたくさん入っている列も、考えやすいよ。
いちばん上のヨコ列は空いているマスが1つだけ。まだ入っていない数字を調べると、1が入る。
いちばん下のヨコ列も空いているマスが1つだけ。まだ入っていない数字を調べると、2が入る。

6	8	9	5	2	7	4	3	
	1		4				2	
	3	2	1					7
5	9		2	7	8	6	1	3
			3		9			
3	2	7	6	4	1		8	5
8				4	1	5		
	5				2		4	
	4	1	8	3	5	7	6	9

1が入る

2が入る

7

9×9の数独では「この数字はブロックの中でどこに入るかな」という考えかたを多く使う。
5は左上のブロックでどこに入るかな？

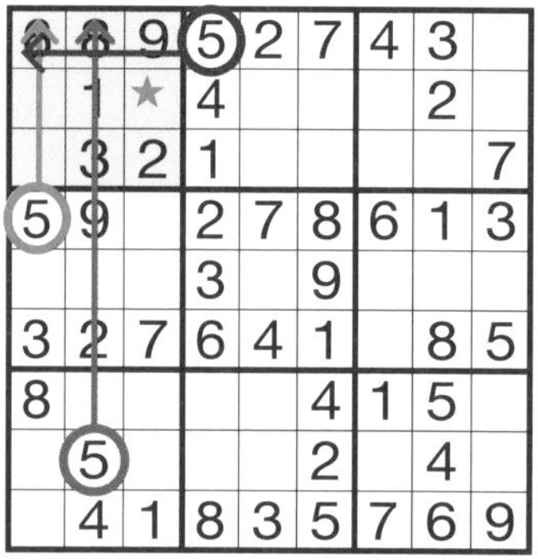

タテやヨコの列にもう入っている5に気をつけよう。
同じ列に同じ数字は入らないので、★のマスに5が入る。

もう5が入っている列に5を入れてはダメ!

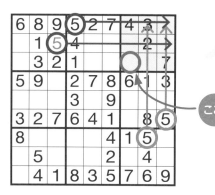

★に5が入ると、右上のブロックでも5の入るところが決まるよ。

ここ!

こうやって、入りやすいところから解いていこう。

→9×9マスの数独は38ページからはじまります。

数独
すう　　　どく

SUDOKU

はじめのほうはヒントがついています。
わからないときは読んでみてね。
よ

| 月 | 日 | ☀ | ☁ | ☂ | ⛄ |

できたら、いろをぬろう

1

1	2	3	4
3		1	2
4	1		3
2	3	4	1

使うすうじ 1・2・3・4

数字のないブロックは2つだけ。1・2・3・4
の中で何がまだ入っていないか考えよう。

できたら、いろをぬろう

2

4	3	2	
1	2	3	4
2	1		3
	4	1	2

使うすうじ　1・2・3・4

右上のブロックでは、2と3と4が入っています。
まだ入っていないのは何かな？

んきたら、いろをぬろう

③

2		4	3
3	4	2	
	3	1	2
1	2		4

使うすうじ　**1・2・3・4**

いちばん下の列には1と2と4が入っているので、
残りは3。タテやヨコの列もヒントになるよ。

できたら、いろをぬろう

4

3			2
2	4	1	3
4	2	3	1
1			4

使うすうじ **1・2・3・4**

「1」がまだ入っていないブロックは左上のブロックだけ。空いたマスに「1」が入るよ。

できたら、いろをぬろう

5

4	2		3
1		4	2
	1	3	
3	4		1

つか
使うすうじ **1・2・3・4**

うえ　　　れつめ　　　れつめ　　　れつめ　　　　　　　　　すうじ
上から1列目や2列目や4列目には、もう数字
　　こはい
が3個入っているので、探しやすい。

できたら、いろをぬろう

月　日　☀☁☂⛄

6

	2		3
4		1	2
	4	3	
3	1		4

使うすうじ　1・2・3・4

右上のブロックは、まだ入っていない数字を入れよう。いちばん下の列のように、3個うまった列もあるよ。

15

がつ　にち
月　　日　☀ ☁ ☂ ⛄

できたら、いろをぬろう

7

		3	4
3	4	2	
	3	1	2
1	2		

つか
使うすうじ **1・2・3・4**

みぎうえ　ひだりした　　　　　　　　　のこ　すうじ　を　い
右上や左下のブロックは、残った数字を入れよ
　　ひだり　　　　　れつめ　　　　　　　　　　　れつ
う。左から2列目のタテの列もわかりやすいよ。

16

8

3	4	1	
2			3
1			4
	2	3	1

使うすうじ 1・2・3・4

タテやヨコの、同じ列に同じ数字を入れてはいけないよ。左下のブロックで3が入るのはどっちかな？

2	1		3
4			1
		3	
3	2		4

つか
使うすうじ　1・2・3・4

みぎした
右下のブロックで空いているマスのうち、どち
らが1でどちらが2かな？

てきたら、いろをぬろう

⑩

	4	2	
1			3
2		1	4
	1	3	

使うすうじ　**1・2・3・4**

数字がたくさん入っている、右下のブロックから考えてみよう。

できたら、いろをぬろう

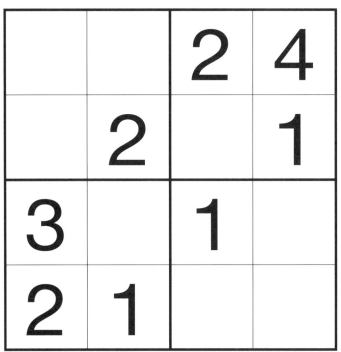

つか
使うすうじ **1・2・3・4**

ひだりした　みぎうえ
左下や右上のブロックに入る数字を
かんが
まず考えよう。

できたら、いろをぬろう

12

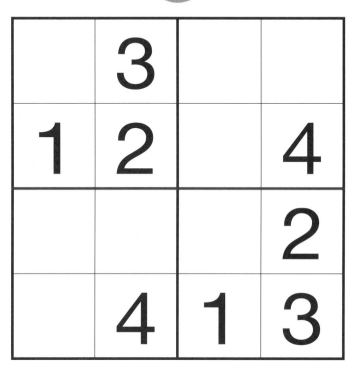

使うすうじ 1・2・3・4

ここからはヒントはありません。自分で、がんばって解いてみよう！

できたら、いろをぬろう

13

2	1	3	
4			
			1
	4	2	3

つか
使うすうじ 1・2・3・4

できたら、いろをぬろう

月 日 ☀ ☁ ☂ ⛄

14

4			3
	1	2	
2	3	4	1

使うすうじ **1・2・3・4**

月　日　

できたら、いろをぬろう

15

1		3	4
	4		
		2	
2	3		1

使うすうじ　1・2・3・4

2　　1　　4　3

16

3			1
			2
		1	
4	1		3

使うすうじ **1・2・3・4**

月　日　☀ ☁ ☂ ⛄

できたら、いろをぬろう

17

	4		1
2			
			3
1		4	2

使うすうじ 1・2・3・4

できたら、いろをぬろう

18

	1	3	
			1
3			
	4	2	

使うすうじ　1・2・3・4

月　日 ☀ ☁ ☂ ⛄

できたら、いろをぬろう

19

1			3
	3	2	
2			4

使うすうじ　1・2・3・4

できたら、いろをぬろう

月 日 ☀☁☂⛄

20

2	4		
		4	
	1		
		1	4

使うすうじ 1・2・3・4

1   3   2   4

できたら、いろをぬろう

21

2		1	
3			
			1
	2		4

つか
使うすうじ 1・2・3・4

月　日　☀ ☁ ☂ ⛄

てきたら、いろをぬろう

22

		3	
	4		1
		1	
2			

使うすうじ　1・2・3・4

すう どく
数 独 4×4

が つ　　　 に ち
月 　　 日　☀ ☁ ☂ ⛄

できたら、いろをぬろう

23

4			
2		3	
		1	2

つか
使うすうじ **1・2・3・4**

できたら、いろをぬろう

24

1	3		
			2
4			3

使うすうじ　1・2・3・4

25

3			2
	4		
		1	
1			

つか
使うすうじ **1・2・3・4**

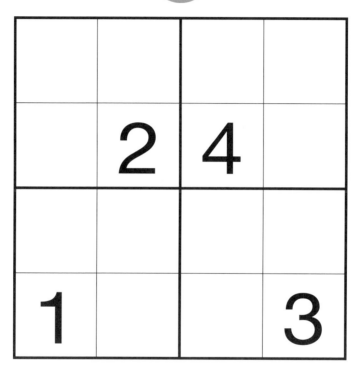

26

使うすうじ **1・2・3・4**

27

4			
		1	
	2		
			3

つか
使うすうじ　1・2・3・4

数独
すう　どく
SUDOKU

マスの数がふえるけれど、考えかたはおなじ。
じっくり解いていこう。

月　日 ☀☁☂⛄

できたら、いろをぬろう

28

1	4		3	9	8	5	6	
5	6	3	2	1		4	8	9
9	7	8		5			3	2
	9	4	6	8	5		1	3
6		1	9		2	7		5
2	3		7	4	1	8	9	
4	5			6		3	2	1
8	2	9		7	3	6	5	4
	1	6	5	2	4		7	8

使うすうじ　1・2・3・4・5・6・7・8・9

数字がたくさん入ったブロックを見つけよう。
左上や右下や中央は、空いたマスが1つだけな
ので1から9のうち足りない数字を入れよう。

38

月　日　☀ ☁ ☂ ⛄

29

	1	4	2		8	5	6	
5	2	8	6	3		9	7	1
6	3	7	9	5			4	8
1	4	9	3	8				2
	5	2	4		9	3	1	
7				1	2	4	8	9
2	7			4	3	1	9	5
3	8	5		9	6	7	2	4
	9	1	7		5	8	3	

使うすうじ　1・2・3・4・5・6・7・8・9

左上や右下のブロックは入れやすい。左から2列目や右から2列目のタテの列も、空いたマスが1つだけ。

月　　日　☀ ☁ ☂ ⛄

できたら、いろをぬろう

30

8	7		3	2		5	1	
6	5	4	1		9	2		3
	2			5	6	4	7	9
	3	6	5	8	1		4	2
1		8	6		2	3		7
5	9		7	4	3	8	6	
2	1	3	4	6			9	
4		7	9		8	1	2	5
	8	5		1	7		3	4

使うすうじ　1・2・3・4・5・6・7・8・9

右上のブロックで、まだ入っていない6を1の
下のマスに入れると、同じ列に2つ入ってしま
うので×。1の右のマスに入るよ。

40

できたら、いろをぬろう

31

	5	8		7	2		4	9
4		1	6		8	7		3
6	9		3	5		1	2	
	3	5		8	1		6	2
1		6	4		3	9		5
2	4		7	6		3	8	
	6	4		3	9		1	7
9		2	5		7	8		6
8	7		2	1		5	9	

使うすうじ　**1・2・3・4・5・6・7・8・9**

たくさんある数字から考えるのも解きやすい。6
は始めに7つ入っているけど、まだ入っていない
右上と、中央の下のブロックでどこに入るかな？

41

がつ 月	にち 日	☀	☁	☂	⛄

できたら、いろをぬろう

32

9	1	4		7	5	6	3	
2	6			3	8	4	7	1
8		7				5	2	9
			5	8	7		1	3
5	7		3		1		4	6
3	9		4	6	2			
1	2	3				8		4
4	5	6	8	2			9	7
	8	9	6	1		3	5	2

つか
使うすうじ 1・2・3・4・5・6・7・8・9

みぎうえ ひだりした ちゅうおう
右上・左下・中央のブロックがすぐにうまりま
すうじ おお れつ み
す。数字の多い列をうまく見つけよう。

42

できたら、いろをぬろう

33

2	3	9	4	1	6			5
	7	8	9	5			2	6
		6	7			3	4	9
8				3		4	7	2
3	4		2	6	5		9	1
9	1	2		7				3
5	8	4			1	2		
7	9			2	8	6	1	
6			3	4	7	9	5	8

使うすうじ　1・2・3・4・5・6・7・8・9

9に注目すると、9がないブロックは中央と、
その下の2つだけ。どちらも、タテやヨコの列
にある9とダブらないマスは1つだけだよ。

月　日 ☀ ☁ ☂ ⛄

34

	2	3			6	4	8	9
4	5	6		9	2	1	7	3
7	8			4	1			
			7	1		6	9	2
2	7	1	9		3	5	4	8
6	9	4		5	8			
			1	3			5	6
5	6	8	4	2		7	3	1
3	1	7	6			9	2	

使うすうじ　**1・2・3・4・5・6・7・8・9**

右下のブロックでは4と8がまだ入っていない。
タテの列に入っている4や8とダブらせずにう
まくうめよう。

44

35

9		2	3	5	7	4	6	1
7			6		2			
5		4	8		9	3		7
2	5	6	9		4	1	8	3
1								2
3	4	7	1		8	9	5	6
8		9	2		1	5		4
		7		3				8
6	1	3	4	8	5	2		9

使うすうじ **1・2・3・4・5・6・7・8・9**

タテにもヨコにも、1マスしか空いていない列がたくさんあるので見つけよう。

45

がつ　　にち
月　　日　☀ ☁ ☂ ⛄

36

7	5	2	1				9	
4			8	5	9	1	2	7
8			6	7			4	
9	3	4	5	6			8	
	2	7	3	1	8	4	6	
	1			9	4	5	7	3
	8			2	6			4
2	4	9	7	3	5			8
	7				1	9	5	2

つか
使うすうじ **1・2・3・4・5・6・7・8・9**

ちゅうおう　　　　　　　　　　　　　　　　あ
中央のブロックは２マスしか空いていないので、
　　　　　　　はい　　　　　かんが　　　　　　　　　　はい
ここで７の入るマスを考えよう。７が入るとも
　　いち　　　　き
う１マスも決まるよ。

37

	3	6	5		4	7		
2	7				1	5	6	
8		9	3	7		4	2	1
5		7	4	1			3	8
		1	6		8	2		
6	4			3	2	9		5
4	8	2		9	7	3		6
	1	5	2				7	4
		3	8		5	1	9	

使うすうじ **1・2・3・4・5・6・7・8・9**

右上のブロックに8が入ると、この8がヒントになって中央上のブロックでも8が決まる。1つの数字が続けて入ることもあるよ。

月　日　☀️　☁️　☂️　⛄

できたら、いろをぬろう

38

3	2	1	4	5	6	7	8	
	6			3				
	8		7	1	9	2	3	
6	7	8		4	5	1	9	2
	3						7	
9	1	5	2	8		6	4	3
	5	7	6	9	8		2	
				2			1	
	9	3	1	7	4	8	6	5

使うすうじ **1・2・3・4・5・6・7・8・9**

1マスしか空いていない列をうまく見つけて解こう。右上のマスに9が入ると、右下のブロックでも9が入るマスが決まるよ。

39

	1	7		5			9	
3	9	8	4		1	6	5	2
2	4			6		7	3	
	6	9		3	4		1	
5		3	1		2	8		6
	2		5	8		9	7	
	5	1		2			8	9
7	8	6	3		9	5	2	4
	3			4		1	6	

使うすうじ **1・2・3・4・5・6・7・8・9**

ここからはヒントはありません。自分で、がんばって解いてみよう！

月　　日　☀ ☁ ☂ ⛄

40

		2	1	8			7	4
	6	8	3			1	2	9
4	1	3			7	6	5	
6	5			3	1	9		
9			5	4	2			3
		7	8	6			4	1
	4	5	6			2	9	7
1	7	9			5	8	3	
3	2			7	8	4		

使うすうじ　1・2・3・4・5・6・7・8・9

できたら、いろをぬろう

41

	1	6	5	2				7
3	4			9	1	6		
5		7	3		6	4	2	
2		8	4			5	1	
9	5			6			8	3
	7	1			3	2		9
	2	9	6		5	8		4
	3	2	1				6	5
7				4	8	1	3	

使うすうじ　1・2・3・4・5・6・7・8・9

51

42

		5		2		7	8	4
		9	7	8	6			1
3	8	7		4				6
	2		5	1			6	
6	9	4	8		3	1	5	2
	3			9	2		4	
9				6		4	7	5
8			4	5	1	3		
4	5	2		3		6		

使うすうじ **1・2・3・4・5・6・7・8・9**

43

5	3	8	4	6	9			1
2					1			3
9					5	4	6	8
6	5	4	8	1	2	3		
		3				1		
		2	9	3	4	5	8	6
4	6	9	2					5
3			1					7
1			5	9	6	2	3	4

使うすうじ 1・2・3・4・5・6・7・8・9

53

月　日

できたら、いろをぬろう

44

5	8	2	4	1	6			3
		4	5					2
		9	3			6	5	4
2				3		8	7	1
1			2	5	8			6
6	3	8		7				9
4	5	3			1	9		
9					3	2		
8			9	6	5	4	3	7

使うすうじ **1・2・3・4・5・6・7・8・9**

45

8	4	7				3	6	
2	5		1		3		8	9
1		9	6		4	2		7
	6	8	2		7	1	3	
	1	3	4		8	9	7	
6		5	8		1	7		4
7	9		5		6		2	3
	8	4				5	1	6

使うすうじ　1・2・3・4・5・6・7・8・9

46

	9	8	1	3	7	6	4	
		3	8	4	2	7		
2				9				1
6	3			5			2	7
8		9				4		5
7	4			2			1	6
4				8				3
		2	3	1	6	5		
	1	6	5	7	4	2	9	

使うすうじ　1・2・3・4・5・6・7・8・9

56

てきたら、いろをぬろう

月　日　☀ ☁ ☂ ⛄

47

		7		1		8		
	1	2	5		3			
3	4	6	9	7				2
	9	3	1	2			5	
1		8	4	5	6	3		9
	2			8	9	4	7	
5				3	2	9	4	6
		8		5	1	3		
	4		9		2			

使うすうじ　**1・2・3・4・5・6・7・8・9**

57

48

5	6	1	7			9	4	2
4		8	2			5		3
9	3						7	6
2	8		1	6				
			5		4			
			3	9			2	5
1	5						9	4
8		3			2	6		7
7	2	9			5	3	8	1

使うすうじ 1・2・3・4・5・6・7・8・9

58

月　日　

49

	1	2		5	7	6	4	
8	3	7		6			5	
4	6			9			8	
1	2			4	9	8	7	
	5	4	6	8			2	9
	4			2			1	7
	8			3		2	9	6
	7	9	5	1		4	3	

使うすうじ　1・2・3・4・5・6・7・8・9

月　日　

こきたら、いろをぬろう

50

		5				8		
	8	9	1	5	3	4	6	
6	7	1				3	9	5
	3			6			1	
	5		9	3	8		4	
	9			1			7	
9	6	8				7	5	4
	1	4	7	8	6	2	3	
		3				1		

使うすうじ　**1・2・3・4・5・6・7・8・9**

できたら、いろをぬろう

51

8		5	1		4	6		3
	1			2			7	
3		7			5	2		4
5		2		3				1
	4		8		2		3	
9				1		4		5
1		3	5			7		2
	8			4			5	
2		4	7		3	1		6

使うすうじ 1・2・3・4・5・6・7・8・9

61

てきたら、いろをぬろう

52

	1				3			
	5				6		4	
3	9	8	1	4	2	6	7	
	7				1		6	
9	3	4	5		7	8	2	1
	6		9				3	
	8	3	6	7	9	4	1	2
	2		4				9	
			3				5	

つか
使うすうじ **1・2・3・4・5・6・7・8・9**

62

できたら、いろをぬろう

53

9		4			1			5
	7		9	4		8	1	
8		2			6		4	
	9		6		4	3		1
	5			9			2	
2		6	5		3		9	
	8		1			4		2
	3	5		7	8		6	
1			4			5		3

使うすうじ **1・2・3・4・5・6・7・8・9**

63

月　日

できたら、いろをぬろう

54

	2			1			8	5
3			4	2		6		9
			3	7	4			
	7	5		4			3	8
	4		8		3		6	
1	8			6		2	5	
		6	1	7				
4		2		8	5			7
5	1			9			2	

使うすうじ　**1・2・3・4・5・6・7・8・9**

できたら、いろをぬろう

55

		2					3	
3	5	9	6	1			7	
		4		7		5	1	2
				2			6	
	9	6	1	5	7	3	8	
	4			3				
6	1	3		4		9		
	8			9	5	1	2	6
	2					8		

使うすうじ　1・2・3・4・5・6・7・8・9

65

月 日 ☀ ☁ ☂ ⛄

できたら、いろをぬろう

56

		3	1		2	5		
	5	4				6	7	
8	7			5			3	9
4			9		8			3
		2		1		4		
7			6		3			2
9	2			6			1	5
	3	6				9	4	
		8	7		5	3		

つか
使うすうじ **1・2・3・4・5・6・7・8・9**

57

7	2		8			5		6
4		1		9			3	
	3		6		1			9
3		2			6	8		
	4			1			7	
		8	3			4		2
5			4		2		8	
	1			8		6		3
6		7			3		2	4

使うすうじ 1・2・3・4・5・6・7・8・9

58

	1	9	6	8				
						8		1
	5	6	2	7		3		4
			4		2	9		6
5		4				1		3
2		7	9		3			
9		8		4	6	5	3	
7		1						
			3	9	2	1		

つか
使うすうじ **1・2・3・4・5・6・7・8・9**

59

9		4		5	3			6
	3			9	6	1		
5		1					3	
				6			4	8
2	9		3		5		1	7
4	7			2				
	5					4		9
		3	4	7			2	
7			5	1		8		3

使うすうじ 1・2・3・4・5・6・7・8・9

69

月　日　☀　☁　☂　⛄

できたら、いろをぬろう

60

	2	3		8			7	6
4		6				1		9
7	8	9			1		5	
			1			8		
5				6				7
		4			3			
	4		9			3	1	5
2		5				6		8
8	3			5		7	9	

つか
使うすうじ　**1・2・3・4・5・6・7・8・9**

61

			3	2				
	3		8					2
9	8		5		1			7
3	9		6		2			4
2	7				5			3
4	5		7		8			1
5	1		9		6			8
7			4		3			
		1	2					

使うすうじ 1・2・3・4・5・6・7・8・9

月　　日　☀ ☁ ☂ ⛄

できたら、いろをぬろう

62

3		5		6		2		1
	9		3		5		6	
4				2				8
	2						1	
1		4		7		3		6
	3						4	
8				9				2
	6		8		1		7	
9		7		3		6		4

使うすうじ　**1・2・3・4・5・6・7・8・9**

月　日　☀ ☁ ☂ ⛄

てきたら、いろをぬろう

63

6		7		8		3		
	2		3		7			1
		4		5			8	
3			9			8		6
	6						7	
8		5			1			3
	1			4		5		
7			6		8		2	
		9		3		1		7

使うすうじ　1・2・3・4・5・6・7・8・9

月　　日　☀　☁　☂　⛄

できたら、いろをぬろう

64

3			6				8	1
	4				1		9	7
		6		9		5		
8			1				5	
		5		2		9		
	7				3			6
		4		1		3		
1	9		4				6	
6	3				7			5

使うすうじ **1・2・3・4・5・6・7・8・9**

月　日　☀ ☁ ☂ ⛄

65

3						4		7
	2	7	1				9	
	6	8				5		3
	1		2	4				
			9		6			
				7	8		3	
9		3				2	5	
	8				4	1	7	
5		1						4

使うすうじ　1・2・3・4・5・6・7・8・9

できたら、いろをぬろう

66

5					9		8	
		2				7	9	4
	4	6	7				2	
		8			5			
1				7				9
			6			5		
	1				4	8	6	
8	6	9				4		
	5			2				7

つか
使うすうじ **1・2・3・4・5・6・7・8・9**

4   8   1   5   3   2   9
     6   7

76

67

1							8	9
4				3	1			
				4	2			
	1	5		9				
	8	4	3		6	9	7	
				1		3	2	
			7	2				
			5	6				4
9	2							6

使うすうじ　1・2・3・4・5・6・7・8・9

月　日　☀☁☂⛄

できたら、いろをぬろう

68

1		5		9			2	
						3		5
8			1	3			4	
		2			7			
9		6				5		2
			4			1		
	5			8	2			7
7		9						
	6			5		8		4

つか
使うすうじ　**1・2・3・4・5・6・7・8・9**

できたら、いろをぬろう

69

9						4	6	3
	1		3				8	2
		5						1
	2		1		6			
				5				
			8		9		1	
8						9		
6	7				4		2	
3	4	1						5

使うすうじ　**1・2・3・4・5・6・7・8・9**

79

月　　日　

70

		5						
	7		8		2	6	5	
4		8			3		1	
	3					5	7	
				2				
	8	1					4	
	5		9			3		2
	9	3	6		1		8	
						4		

使うすうじ　1・2・3・4・5・6・7・8・9

ナンバーリンク

NUMBERLINK

おなじ数字を線でつなぐパズルです。
けしごむもたくさん使って解こう。

ナンバーリンクの解きかた

「ナンバーリンク」は、
おなじ２つの数字を、線でつなぐパズルです。

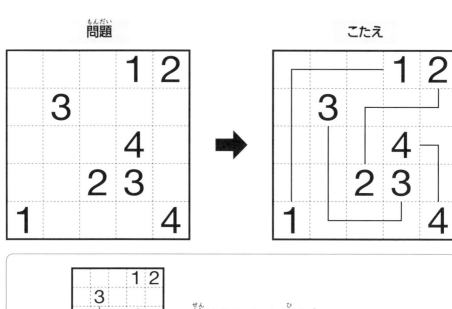

問題

こたえ

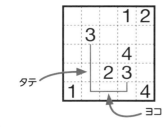

タテ

ヨコ

線はタテヨコに引こう。
１つのマスに通っていい線は１本だけだよ。

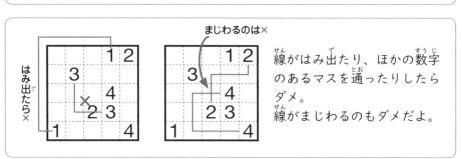

まじわるのは×

はみ出たら×

線がはみ出たり、ほかの数字
のあるマスを通ったりしたら
ダメ。
線がまじわるのもダメだよ。

数字がたくさんあるところや、はじっこから進めていこう。

		1	4	
1		3	2	
	2		4	
				3

			3	1
	1		4	
	2	3		2
				4

できたら、いろをぬろう

③

1	4			
	3		3	
	2	4		
			1	2

2　　4　3
　1

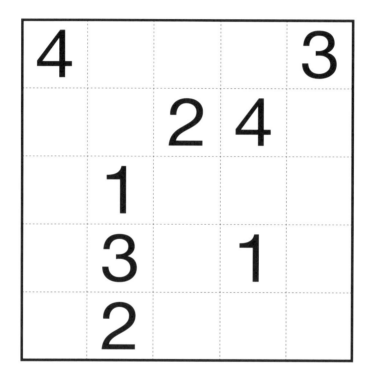

2				
			3	
	4	1	2	
3			4	1

できたら、いろをぬろう

6

				4	2
	5				
				2	1
	6	4	5		
	1				3
		6	3		

	1	2			
	3				
			4		
	4	5	2		
	1			3	
5					

5					
	4	5		2	
	3				
	2				
	1			1	
				4	3

				5	
	1			4	
	2				
	3	1	2		
	4				
				3	5

がつ　　にち
月　　日　☀ ☁ ☂ ⛄

できたら、いろをぬろう

			1	2	
		3		1	
				4	3
	5	4			2
					5

1		3						
5	6		2				4	3
	7			1				11
		2						
6					4			
	5	8	9					
						11	12	
9				7		10		
8	10					12		

				5				
	1		2	4	7	10		
			3		3			
		2			4			
		1						
						10		
		8					6	7
	6	5	9				8	9

94

							4	5
4						2	6	
		10				7		
	3				6			
1						9	7	
	2				8			
	3		10			9	8	
					1	5		

	7							
	8	1	9				6	
						10	3	1
		7			6			4
2	8				9			
	5							
		10					3	
				4			5	
				2				

てきたら、いろをぬろう

		1	3					
			5			9	8	7
		7	3					6
1								
			2	8				
	9	4				4	2	
	5	6						

1			8			7		
2				1				9
3					9			
						8		
	5	4	3			2	6	7
		6						4
							5	

							5	
1		3			8			
2		9						
9					4			
								1
	7	6	3	8				
							4	
6	7	2	5					

8		2						
1			3				7	
	6		8			5	2	
							4	
		3	7			6		
					5			
	4							
								1

5								2
1						4		
							5	
			8					
		6					6	
		3	7					
	4						2	7
			1	3	8			

月　　日　

20

4								5
		6						
				8				
	1	2	1	7				
			4	8				
		6		7				
	2		3				3	
			5					

四角に切れ
SHIKAKU

マスを四角く切り取るパズルです。
四角い部屋をたくさん作ろう。

四角に切れの解きかた

「四角に切れ」は、
数字の大きさの四角にマスをわけていくパズルです。

問題　　　　　こたえ

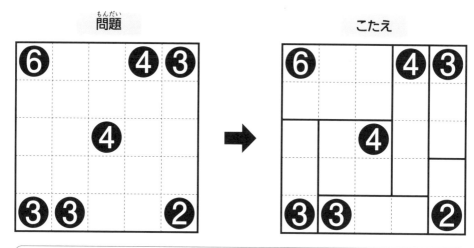

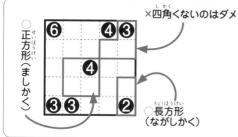

線を引いていいのは点線の上だけ。
「四角」は、
長方形（ながしかく）か
正方形（ましかく）のどちらか。

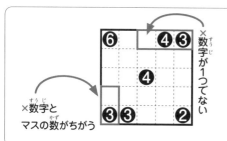

１つの四角の中に、数字が１つずつ
入るようにしよう。
数字は、四角の中にあるマスの数を
あらわしているよ。

数字がたくさんあるところや、大きい数字から考えよう。

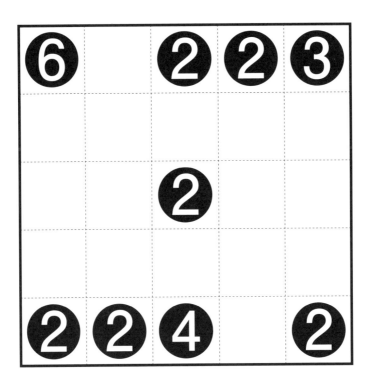

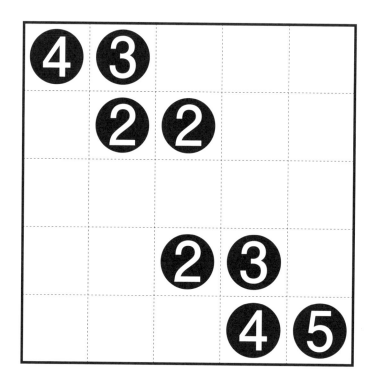

The grid:

				❷
❻				
❹		❷		❹
				❷
❺				

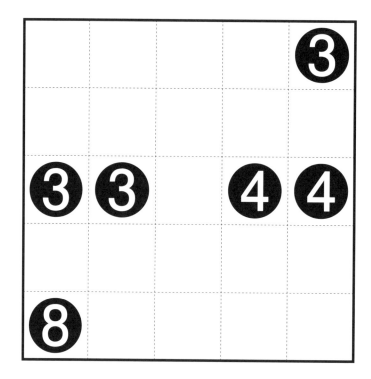

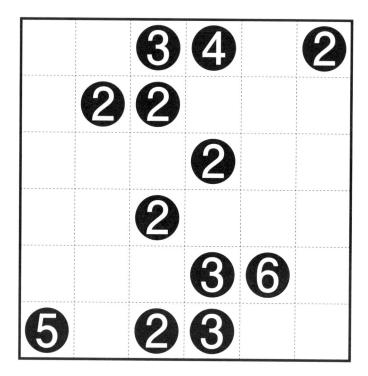

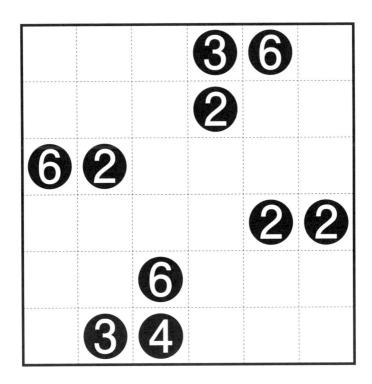

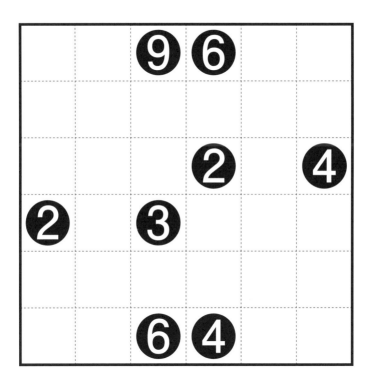

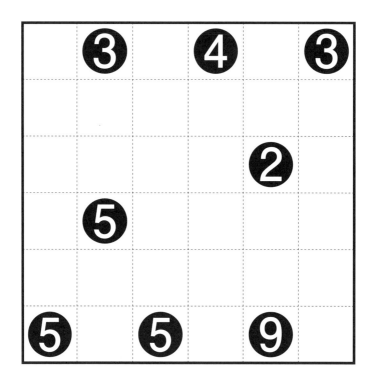

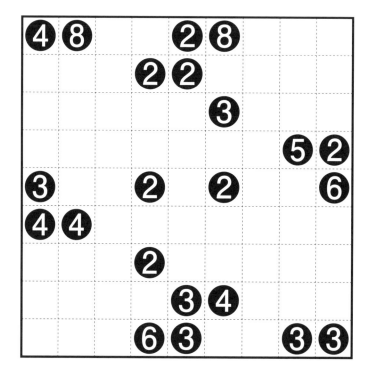

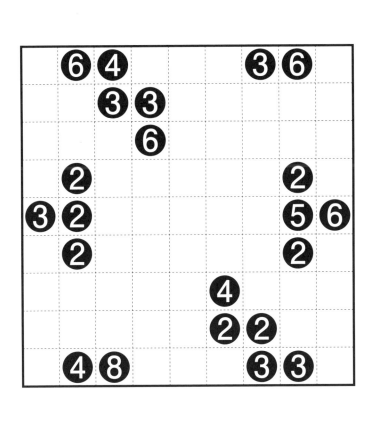

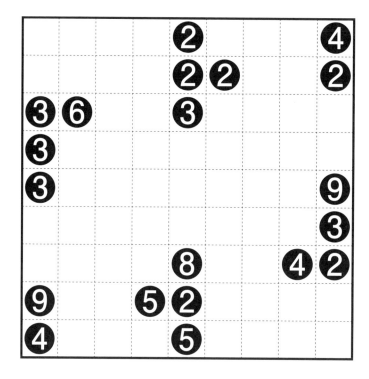

15

```
┌───────────────────────────────────────┐
│ ④              ②②        ④│
│ ④⑧            ②            │
│                            ③│
│     ⑥        ③⑥          │
│            ②                │
│       ②②          ③      │
│ ②                          │
│          ⑥          ②⑤  │
│ ②     ⑥③          ②  │
└───────────────────────────────────────┘
```

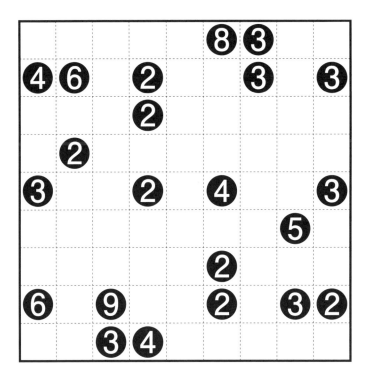

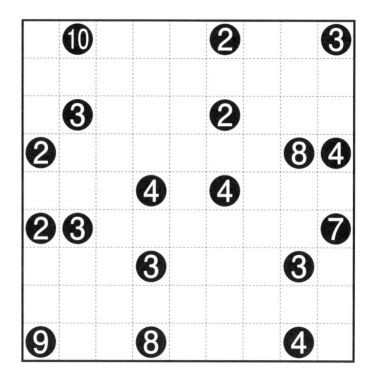

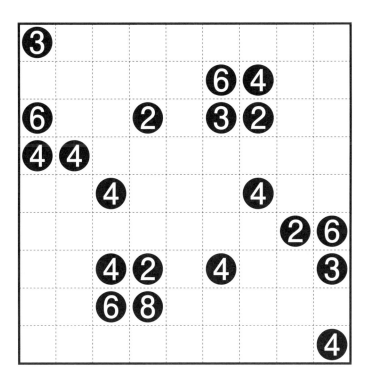

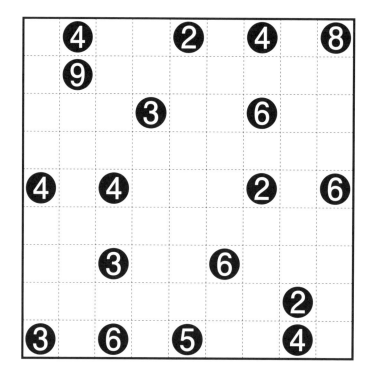

こたえ
SOLUTIONS

● 数独のこたえ ●

すうどく

1

1	2	3	4
3	4	1	2
4	1	2	3
2	3	4	1

2

4	3	2	1
1	2	3	4
2	1	4	3
3	4	1	2

3

2	1	4	3
3	4	2	1
4	3	1	2
1	2	3	4

4

3	1	4	2
2	4	1	3
4	2	3	1
1	3	2	4

5

4	2	1	3
1	3	4	2
2	1	3	4
3	4	2	1

6

1	2	4	3
4	3	1	2
2	4	3	1
3	1	2	4

7

2	1	3	4
3	4	2	1
4	3	1	2
1	2	4	3

8

3	4	1	2
2	1	4	3
1	3	2	4
4	2	3	1

9

2	1	4	3
4	3	2	1
1	4	3	2
3	2	1	4

10

3	4	2	1
1	2	4	3
2	3	1	4
4	1	3	2

11

1	3	2	4
4	2	3	1
3	4	1	2
2	1	4	3

12

4	3	2	1
1	2	3	4
3	1	4	2
2	4	1	3

13

2	1	3	4
4	3	1	2
3	2	4	1
1	4	2	3

14

4	2	1	3
3	1	2	4
1	4	3	2
2	3	4	1

15

1	2	3	4
3	4	1	2
4	1	2	3
2	3	4	1

16

3	2	4	1
1	4	3	2
2	3	1	4
4	1	2	3

17

3	4	2	1
2	1	3	4
4	2	1	3
1	3	4	2

18

4	1	3	2
2	3	4	1
3	2	1	4
1	4	2	3

19

1	2	4	3
4	3	2	1
3	4	1	2
2	1	3	4

20

2	4	3	1
1	3	4	2
4	1	2	3
3	2	1	4

21

2	4	1	3
3	1	4	2
4	3	2	1
1	2	3	4

22

1	2	3	4
3	4	2	1
4	3	1	2
2	1	4	3

23

4	3	2	1
2	1	3	4
1	2	4	3
3	4	1	2

24

1	3	2	4
2	4	3	1
3	1	4	2
4	2	1	3

25

3	1	4	2
2	4	3	1
4	2	1	3
1	3	2	4

26

4	1	3	2
3	2	4	1
2	3	1	4
1	4	2	3

27

4	1	3	2
2	3	1	4
3	2	4	1
1	4	2	3

28

1	4	2	3	9	8	5	6	7
5	6	3	2	1	7	4	8	9
9	7	8	4	5	6	1	3	2
7	9	4	6	8	5	2	1	3
6	8	1	9	3	2	7	4	5
2	3	5	7	4	1	8	9	6
4	5	7	8	6	9	3	2	1
8	2	9	1	7	3	6	5	4
3	1	6	5	2	4	9	7	8

29

9	1	4	2	7	8	5	6	3
5	2	8	6	3	4	9	7	1
6	3	7	9	5	1	2	4	8
1	4	9	3	8	7	6	5	2
8	5	2	4	6	9	3	1	7
7	6	3	5	1	2	4	8	9
2	7	6	8	4	3	1	9	5
3	8	5	1	9	6	7	2	4
4	9	1	7	2	5	8	3	6

30

8	7	9	3	2	4	5	1	6
6	5	4	1	7	9	2	8	3
3	2	1	8	5	6	4	7	9
7	3	6	5	8	1	9	4	2
1	4	8	6	9	2	3	5	7
5	9	2	7	4	3	8	6	1
2	1	3	4	6	5	7	9	8
4	6	7	9	3	8	1	2	5
9	8	5	2	1	7	6	3	4

31

3	5	8	1	7	2	6	4	9
4	2	1	6	9	8	7	5	3
6	9	7	3	5	4	1	2	8
7	3	5	9	8	1	4	6	2
1	8	6	4	2	3	9	7	5
2	4	9	7	6	5	3	8	1
5	6	4	8	3	9	2	1	7
9	1	2	5	4	7	8	3	6
8	7	3	2	1	6	5	9	4

32

9	1	4	2	7	5	6	3	8
2	6	5	9	3	8	4	7	1
8	3	7	1	4	6	5	2	9
6	4	2	5	8	7	9	1	3
5	7	8	3	9	1	2	4	6
3	9	1	4	6	2	7	8	5
1	2	3	7	5	9	8	6	4
4	5	6	8	2	3	1	9	7
7	8	9	6	1	4	3	5	2

33

2	3	9	4	1	6	7	8	5
4	7	8	9	5	3	1	2	6
1	5	6	7	8	2	3	4	9
8	6	5	1	3	9	4	7	2
3	4	7	2	6	5	8	9	1
9	1	2	8	7	4	5	6	3
5	8	4	6	9	1	2	3	7
7	9	3	5	2	8	6	1	4
6	2	1	3	4	7	9	5	8

34

1	2	3	5	7	6	4	8	9
4	5	6	8	9	2	1	7	3
7	8	9	3	4	1	2	6	5
8	3	5	7	1	4	6	9	2
2	7	1	9	6	3	5	4	8
6	9	4	2	5	8	3	1	7
9	4	2	1	3	7	8	5	6
5	6	8	4	2	9	7	3	1
3	1	7	6	8	5	9	2	4

35

9	8	2	3	5	7	4	6	1
7	3	1	6	4	2	8	9	5
5	6	4	8	1	9	3	2	7
2	5	6	9	7	4	1	8	3
1	9	8	5	3	6	7	4	2
3	4	7	1	2	8	9	5	6
8	7	9	2	6	1	5	3	4
4	2	5	7	9	3	6	1	8
6	1	3	4	8	5	2	7	9

36

7	5	2	1	4	3	8	9	6
4	6	3	8	5	9	1	2	7
8	9	1	6	7	2	3	4	5
9	3	4	5	6	7	2	8	1
5	2	7	3	1	8	4	6	9
6	1	8	2	9	4	5	7	3
1	8	5	9	2	6	7	3	4
2	4	9	7	3	5	6	1	8
3	7	6	4	8	1	9	5	2

37

1	3	6	5	2	4	7	8	9
2	7	4	9	8	1	5	6	3
8	5	9	3	7	6	4	2	1
5	2	7	4	1	9	6	3	8
3	9	1	6	5	8	2	4	7
6	4	8	7	3	2	9	1	5
4	8	2	1	9	7	3	5	6
9	1	5	2	6	3	8	7	4
7	6	3	8	4	5	1	9	2

38

3	2	1	4	5	6	7	8	9
7	6	9	8	3	2	4	5	1
5	8	4	7	1	9	2	3	6
6	7	8	3	4	5	1	9	2
4	3	2	9	6	1	5	7	8
9	1	5	2	8	7	6	4	3
1	5	7	6	9	8	3	2	4
8	4	6	5	2	3	9	1	7
2	9	3	1	7	4	8	6	5

39

6	1	7	2	5	3	4	9	8
3	9	8	4	7	1	6	5	2
2	4	5	9	6	8	7	3	1
8	6	9	7	3	4	2	1	5
5	7	3	1	9	2	8	4	6
1	2	4	5	8	6	9	7	3
4	5	1	6	2	7	3	8	9
7	8	6	3	1	9	5	2	4
9	3	2	8	4	5	1	6	7

40

5	9	2	1	8	6	3	7	4
7	6	8	3	5	4	1	2	9
4	1	3	2	9	7	6	5	8
6	5	4	7	3	1	9	8	2
9	8	1	5	4	2	7	6	3
2	3	7	8	6	9	5	4	1
8	4	5	6	1	3	2	9	7
1	7	9	4	2	5	8	3	6
3	2	6	9	7	8	4	1	5

41

8	1	6	5	2	4	3	9	7
3	4	2	7	9	1	6	5	8
5	9	7	3	8	6	4	2	1
2	3	8	4	7	9	5	1	6
9	5	4	1	6	2	7	8	3
6	7	1	8	5	3	2	4	9
1	2	9	6	3	5	8	7	4
4	8	3	2	1	7	9	6	5
7	6	5	9	4	8	1	3	2

42

1	6	5	3	2	9	7	8	4
2	4	9	7	8	6	5	3	1
3	8	7	1	4	5	2	9	6
7	2	8	5	1	4	9	6	3
6	9	4	8	7	3	1	5	2
5	3	1	6	9	2	8	4	7
9	1	3	2	6	8	4	7	5
8	7	6	4	5	1	3	2	9
4	5	2	9	3	7	6	1	8

43

5	3	8	4	6	9	7	2	1
2	4	6	7	8	1	9	5	3
9	7	1	3	2	5	4	6	8
6	5	4	8	1	2	3	7	9
8	9	3	6	5	7	1	4	2
7	1	2	9	3	4	5	8	6
4	6	9	2	7	3	8	1	5
3	2	5	1	4	8	6	9	7
1	8	7	5	9	6	2	3	4

44

5	8	2	4	1	6	7	9	3
3	6	4	5	9	7	1	8	2
7	1	9	3	8	2	6	5	4
2	4	5	6	3	9	8	7	1
1	9	7	2	5	8	3	4	6
6	3	8	1	7	4	5	2	9
4	5	3	7	2	1	9	6	8
9	7	6	8	4	3	2	1	5
8	2	1	9	6	5	4	3	7

45

8	4	7	9	5	2	3	6	1
2	5	6	1	7	3	4	8	9
1	3	9	6	8	4	2	5	7
4	6	8	2	9	7	1	3	5
9	7	2	3	1	5	6	4	8
5	1	3	4	6	8	9	7	2
6	2	5	8	3	1	7	9	4
7	9	1	5	4	6	8	2	3
3	8	4	7	2	9	5	1	6

46

5	9	8	1	3	7	6	4	2
1	6	3	8	4	2	7	5	9
2	7	4	6	9	5	3	8	1
6	3	1	4	5	8	9	2	7
8	2	9	7	6	1	4	3	5
7	4	5	9	2	3	8	1	6
4	5	7	2	8	9	1	6	3
9	8	2	3	1	6	5	7	4
3	1	6	5	7	4	2	9	8

47

9	5	7	2	1	4	8	6	3
8	1	2	5	6	3	7	9	4
3	4	6	9	7	8	5	1	2
4	9	3	1	2	7	6	5	8
1	7	8	4	5	6	3	2	9
6	2	5	3	8	9	4	7	1
5	8	1	7	3	2	9	4	6
2	6	9	8	4	5	1	3	7
7	3	4	6	9	1	2	8	5

48

5	6	1	7	8	3	9	4	2
4	7	8	2	9	6	5	1	3
9	3	2	4	5	1	8	7	6
2	8	5	1	6	7	4	3	9
3	9	7	5	2	4	1	6	8
6	1	4	8	3	9	7	2	5
1	5	6	3	7	8	2	9	4
8	4	3	9	1	2	6	5	7
7	2	9	6	4	5	3	8	1

49

9	1	2	8	5	7	6	4	3
8	3	7	4	6	2	9	5	1
4	6	5	1	9	3	7	8	2
1	2	6	3	4	9	8	7	5
3	9	8	2	7	5	1	6	4
7	5	4	6	8	1	3	2	9
6	4	3	9	2	8	5	1	7
5	8	1	7	3	4	2	9	6
2	7	9	5	1	6	4	3	8

50

3	4	5	6	7	9	8	2	1
2	8	9	1	5	3	4	6	7
6	7	1	8	4	2	3	9	5
4	3	2	5	6	7	9	1	8
1	5	7	9	3	8	6	4	2
8	9	6	2	1	4	5	7	3
9	6	8	3	2	1	7	5	4
5	1	4	7	8	6	2	3	9
7	2	3	4	9	5	1	8	6

51

8	2	5	1	7	4	6	9	3
4	1	9	3	2	6	5	7	8
3	6	7	9	8	5	2	1	4
5	7	2	4	3	9	8	6	1
6	4	1	8	5	2	9	3	7
9	3	8	6	1	7	4	2	5
1	9	3	5	6	8	7	4	2
7	8	6	2	4	1	3	5	9
2	5	4	7	9	3	1	8	6

52

4	1	6	7	5	3	2	8	9
7	5	2	8	9	6	1	4	3
3	9	8	1	4	2	6	7	5
8	7	5	2	3	1	9	6	4
9	3	4	5	6	7	8	2	1
2	6	1	9	8	4	5	3	7
5	8	3	6	7	9	4	1	2
6	2	7	4	1	5	3	9	8
1	4	9	3	2	8	7	5	6

53

9	6	4	7	8	1	2	3	5
5	7	3	9	4	2	8	1	6
8	1	2	3	5	6	9	4	7
7	9	8	6	2	4	3	5	1
3	5	1	8	9	7	6	2	4
2	4	6	5	1	3	7	9	8
6	8	9	1	3	5	4	7	2
4	3	5	2	7	8	1	6	9
1	2	7	4	6	9	5	8	3

54

7	2	4	9	1	6	3	8	5
3	5	1	4	2	8	6	7	9
9	6	8	5	3	7	4	1	2
6	7	5	2	4	1	9	3	8
2	4	9	8	5	3	7	6	1
1	8	3	7	6	9	2	5	4
8	9	6	1	7	2	5	4	3
4	3	2	6	8	5	1	9	7
5	1	7	3	9	4	8	2	6

55

1	7	2	5	8	4	6	3	9
3	5	9	6	1	2	4	7	8
8	6	4	9	7	3	5	1	2
5	3	8	4	2	9	7	6	1
2	9	6	1	5	7	3	8	4
7	4	1	8	3	6	2	9	5
6	1	3	2	4	8	9	5	7
4	8	7	3	9	5	1	2	6
9	2	5	7	6	1	8	4	3

56

6	9	3	1	7	2	5	8	4
2	5	4	8	3	9	6	7	1
8	7	1	4	5	6	2	3	9
4	1	5	9	2	8	7	6	3
3	6	2	5	1	7	4	9	8
7	8	9	6	4	3	1	5	2
9	2	7	3	6	4	8	1	5
5	3	6	2	8	1	9	4	7
1	4	8	7	9	5	3	2	6

57

7	2	9	8	3	4	5	1	6
4	6	1	7	9	5	2	3	8
8	3	5	6	2	1	7	4	9
3	7	2	5	4	6	8	9	1
9	4	6	2	1	8	3	7	5
1	5	8	3	7	9	4	6	2
5	9	3	4	6	2	1	8	7
2	1	4	9	8	7	6	5	3
6	8	7	1	5	3	9	2	4

58

3	1	9	6	8	4	7	5	2
4	7	2	3	9	5	8	6	1
8	5	6	2	7	1	3	9	4
1	8	3	4	5	2	9	7	6
5	9	4	8	6	7	1	2	3
2	6	7	9	1	3	4	8	5
9	2	8	1	4	6	5	3	7
7	3	1	5	2	8	6	4	9
6	4	5	7	3	9	2	1	8

59

9	2	4	1	5	3	7	8	6
8	3	7	2	9	6	1	5	4
5	6	1	7	8	4	9	3	2
3	1	5	9	6	7	2	4	8
2	9	8	3	4	5	6	1	7
4	7	6	8	2	1	3	9	5
1	5	2	6	3	8	4	7	9
6	8	3	4	7	9	5	2	1
7	4	9	5	1	2	8	6	3

60

1	2	3	5	8	9	4	7	6
4	5	6	7	3	2	1	8	9
7	8	9	6	4	1	2	5	3
3	7	2	1	9	5	8	6	4
5	1	8	2	6	4	9	3	7
9	6	4	8	7	3	5	2	1
6	4	7	9	2	8	3	1	5
2	9	5	3	1	7	6	4	8
8	3	1	4	5	6	7	9	2

61

1	5	4	7	3	2	9	8	6
6	7	3	9	8	1	4	5	2
9	2	8	6	5	4	1	3	7
3	1	9	5	6	8	2	7	4
2	8	7	4	1	9	5	6	3
4	6	5	2	7	3	8	9	1
5	4	1	3	9	7	6	2	8
7	9	2	8	4	6	3	1	5
8	3	6	1	2	5	7	4	9

62

3	8	5	7	6	4	2	9	1
2	9	1	3	8	5	4	6	7
4	7	6	1	2	9	5	3	8
6	2	8	4	5	3	7	1	9
1	5	4	9	7	8	3	2	6
7	3	9	2	1	6	8	4	5
8	4	3	6	9	7	1	5	2
5	6	2	8	4	1	9	7	3
9	1	7	5	3	2	6	8	4

63

6	9	7	1	8	4	3	5	2
5	2	8	3	9	7	6	4	1
1	3	4	2	5	6	7	8	9
3	4	2	9	7	5	8	1	6
9	6	1	8	2	3	4	7	5
8	7	5	4	6	1	2	9	3
2	1	6	7	4	9	5	3	8
7	5	3	6	1	8	9	2	4
4	8	9	5	3	2	1	6	7

64

3	5	9	6	7	2	4	8	1
2	4	8	3	5	1	6	9	7
7	1	6	8	9	4	5	3	2
8	2	3	1	6	9	7	5	4
4	6	5	7	2	8	9	1	3
9	7	1	5	4	3	8	2	6
5	8	4	2	1	6	3	7	9
1	9	7	4	3	5	2	6	8
6	3	2	9	8	7	1	4	5

65

3	5	9	6	8	2	4	1	7
4	2	7	1	3	5	8	9	6
1	6	8	4	9	7	5	2	3
7	1	6	2	4	3	9	8	5
8	3	5	9	1	6	7	4	2
2	9	4	5	7	8	6	3	1
9	4	3	7	6	1	2	5	8
6	8	2	3	5	4	1	7	9
5	7	1	8	2	9	3	6	4

66

5	7	1	4	9	2	3	8	6
3	8	2	5	6	1	7	9	4
9	4	6	7	8	3	1	2	5
6	9	8	3	4	5	2	7	1
1	3	5	2	7	8	6	4	9
7	2	4	6	1	9	5	3	8
2	1	7	9	5	4	8	6	3
8	6	9	1	3	7	4	5	2
4	5	3	8	2	6	9	1	7

67

1	3	2	6	7	5	4	8	9
4	9	7	8	3	1	5	6	2
6	5	8	9	4	2	1	3	7
3	1	5	2	9	7	6	4	8
2	8	4	3	5	6	9	7	1
7	6	9	4	1	8	3	2	5
5	4	6	7	2	9	8	1	3
8	7	1	5	6	3	2	9	4
9	2	3	1	8	4	7	5	6

68

1	3	5	6	9	4	7	2	8
6	9	4	2	7	8	3	1	5
8	2	7	1	3	5	9	4	6
3	1	2	5	6	7	4	8	9
9	4	6	8	1	3	5	7	2
5	7	8	4	2	9	1	6	3
4	5	1	9	8	2	6	3	7
7	8	9	3	4	6	2	5	1
2	6	3	7	5	1	8	9	4

69

9	8	7	2	1	5	4	6	3
4	1	6	3	9	7	5	8	2
2	3	5	4	6	8	7	9	1
7	2	3	1	4	6	8	5	9
1	9	8	7	5	3	2	4	6
5	6	4	8	2	9	3	1	7
8	5	2	6	7	1	9	3	4
6	7	9	5	3	4	1	2	8
3	4	1	9	8	2	6	7	5

70

6	1	5	4	9	7	8	2	3
3	7	9	8	1	2	6	5	4
4	2	8	5	6	3	9	1	7
9	3	2	1	8	4	5	7	6
5	4	6	7	2	9	1	3	8
7	8	1	3	5	6	2	4	9
1	5	4	9	7	8	3	6	2
2	9	3	6	4	1	7	8	5
8	6	7	2	3	5	4	9	1

●ナンバーリンクのこたえ●

1
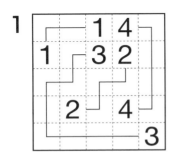

2
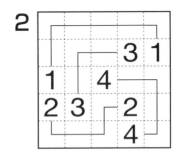

3
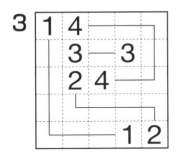

4
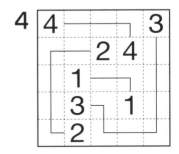

5
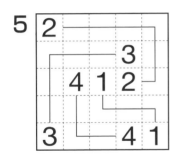

6
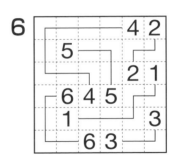

7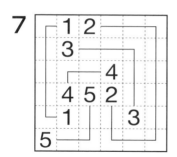

8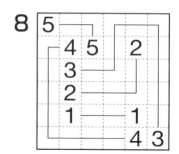

9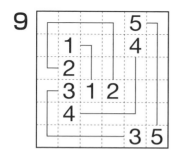

10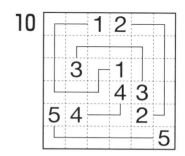

11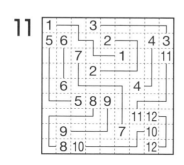

12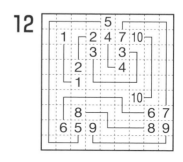

13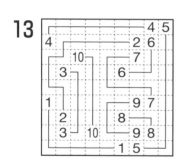

14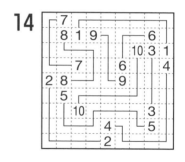

15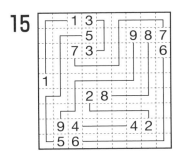

16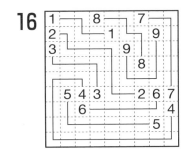

17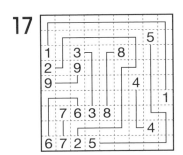

18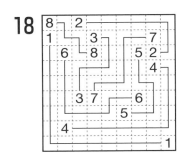

19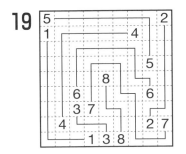

20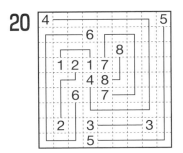

●四角に切れのこたえ●

1
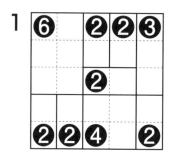

2
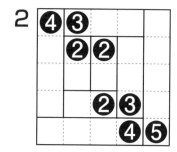

3
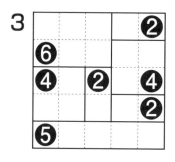

4
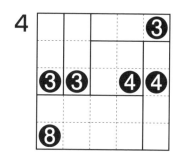

5
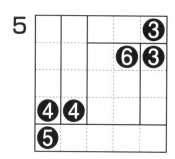

6
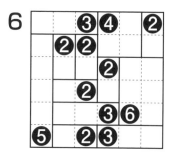

7
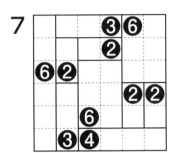

8
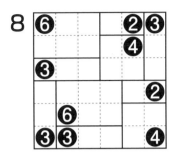

9
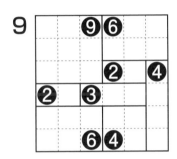

10
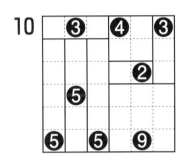

11
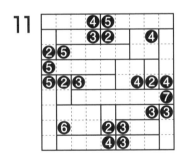

12
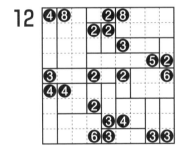

13

14
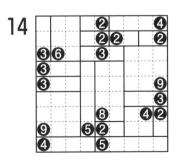

15

16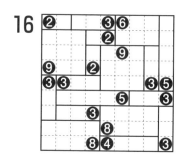

17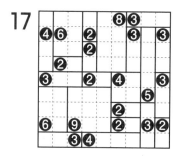

18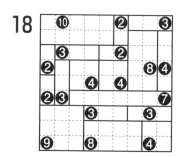

19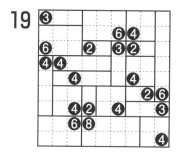

20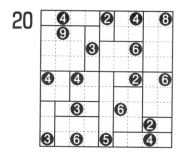

ニコリ出版物のお知らせ

ニコリはパズル専門の会社です。パズル出版物を多数発行しています。

*2023年11月現在の情報です。　*本の定価はすべて10%の消費税込みです。

数独の本

数独練習帳1 ●A5判 ●定価550円

空きマスが20個程度の初歩の問題からスタートし、全40問すべてやさしい数独ばかり。問題のすぐあとに答えが載っているので、答え合わせも簡単。

はじめての数独 ●A5判 ●定価660円

本書に続く難度の数独が解けます。一般的なやさしいものから、やや歯ごたえのあるレベルのものまで96問を掲載。

すっきり!やさしい数独
スイスイやさしい数独 ●新書判 ●定価各605円

どちらも「はじめての数独」と同じくらいの難易度です。新書判で持ち運びしやすい本です。

気がるに数独1〜7 ●新書判 ●定価各715円

1冊の中で、やさしいものから難しいものまで100問の数独が解けるポケット版シリーズです。1〜7巻まで発売中。

フレッシュ数独1〜10 ●新書判 ●定価各682円

「気がるに数独」と同じく、やさしいものから難しいものまで解けるポケット版シリーズです。1〜10巻まで発売中。

ナンバーリンクの本

ペンシルパズル選書 ナンバーリンク1
●四六判　●定価1210円

本書掲載の「ナンバーリンク」がたくさん解ける本です。やさしい問題から難しい問題まで112問のパズルを掲載。

四角に切れの本

パズルブックレット 数に合わせて 四角に切れ
●B5判　●定価880円

四角に切れを始めようという方のために、とてもやさしい問題ばかりを集めた本です。ルールや解き方も詳しく解説しています。

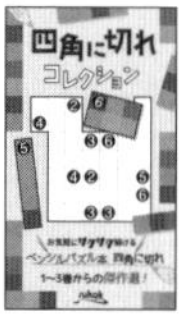

四角に切れコレクション ●新書判　●定価880円

四角に切れをやさしい問題から難しい問題まで幅広く94問収録したポケットサイズの単行本です。

パズル通信ニコリ ●B5変型　●定価1210円

数字のパズル、言葉のパズル、絵のパズルなど、さまざまなパズルを掲載し、さらにはパズル関連記事も充実している季刊誌。3、6、9、12月の10日発売。さまざまなルールのパズルの発信源です。

数独通信 ●B5変型　●定価1056円

毎号投稿数独を100問以上掲載している、数独の最前線が味わえる雑誌です。2、8月の10日発売。やさしい数独から難しい数独まで、そして数独を別角度から楽しむ読み物も掲載。

パズルブックレット つないで絵が出る 点つなぎ

●B5判 ●定価880円

順番どおりに線を引くだけで絵が描ける「点つなぎ」だけを解ける本。お子さんだけでなく、大人の気分転換としてもどうぞ。できた絵に色をぬる楽しみ方も。

パズルブックレット くらべて見つける まちがい探し

●B5判 ●定価880円

一見すると同じように見える2つの絵の、じつは違う部分を〇カ所探しましょうというパズルが、まちがい探しです。ながめて楽しい、解くとさらに楽しいですよ。

ことばさがしパズル ニコリのシークワーズ

●A4判 ●定価1100円

枠の中から指定された言葉を探すのが「ことばさがし(シークワーズ)」というパズルです。盤面から言葉を探すだけなので、お子さんから大人まで楽しめます。

このほかにもパズル出版物は多数ございます。
くわしくはニコリWEBページをごらんください。
https://www.nikoli.co.jp/ja/

入手方法

ニコリ出版物は全国の書店でご購入いただけます。店頭になくても、送料無料でお取り寄せができます。また、インターネット書店でも取り扱っています。

ニコリに直接ご注文の場合は、別途送料手数料がかかります。ニコリ通販担当(TEL:03-3527-2512)までお問い合わせいただければ、ご案内をお送りします。

Rules of Sudoku(4×4)

1. Place a number from 1 to 4 in each empty cell.
2. Each row, column, and 2x2 block bounded by bold lines (four blocks) contains all the numbers from 1 to 4.

Rules of Sudoku(9×9)

1. Place a number from 1 to 9 in each empty cell.
2. Each row, column, and 3x3 block bounded by bold lines (nine blocks) contains all the numbers from 1 to 9.

Rules of Numberlink

1. Connect pairs of the same numbers with a continuous line.
2. Lines go through the center of the cells, horizontally, vertically, or changing direction, and never twice through the same cell.
3. Lines cannot cross, branch off, or go through the cells with numbers.

Rules of Shikaku

1. Divide the grid into rectangles with the numbers in the cells.
2. Each rectangle is to contain only one number showing the number of cells in the rectangle.

初級!! 小学生の数独 1・2・3年

●2020年11月10日　初版第1刷発行
●2023年11月14日　第　　2　　刷
●発行人　鍛治真起
●編集人　菱谷桃太郎
●発行所　株式会社ニコリ
　〒103-0007　東京都中央区日本橋浜町3-36-5-3F
　TEL:03-3527-2512
　https://www.nikoli.co.jp/
●表紙デザイン　Yama's Company
●本文デザイン　川嶋瑞穂
●イラスト　みりのと
●印刷所　株式会社光邦

nikoli

PUZZLE